APOYO VISUAL PARA ACTIVIDADES, GUÍAS PARA SEGUIR DIARIAMENTE.

POR NIÑOS, PADRES, TERAPEUTAS Y MAESTROS, Y SER USADAS EN TABLILLAS, CELULARES, CARPETAS Y JUEGOS DE CARTAS.

LINDA RAMMLER, M.ED., PH.D., CESP
es consultora en autismo, con enfoque y apoyo en el comportamiento positivo y la inclusión.
Más de 40 años de experiencia trabajando con personas con discapacidades de todas las edades y sus familias y ha capacitado y prestado asistencia técnica a escuelas, comunidades religiosas y agencias de servicios públicos y privados a través de los Estados Unidos.

¡Me encanta este libro para los padres y sus hijos pequeños que han sido recientemente diagnosticados con autismo o apraxia del habla! Alentando a los padres a centrarse en las personas y las actividades de significado para estos jóvenes no verbales, esta abuela amorosa empuja suavemente a los lectores con consejos prácticos para comunicarse y enseñar el poder de comunicación a los jóvenes no verbales a través de rutinas diarias y ritmos basados en el cuidado de las relaciones familiares. Las personas que hacen el diagnóstico y los médicos pediatras deben hacer que sea lectura obligatoria para cada familia, sobre todo cuando le dan el diagnóstico a los padres.

LISA GENG
Fundación Presidente CHERAB
"Ayuda para una voz"

Cuando un niño tiene un impedimento en la comunicación es frustrante para el mismo, como así también para todos los que cuidan a ese niño en tratar de determinar los deseos de ese niño o incluso sus necesidades. La frustración puede llevar a berrinches, problemas de autoestima, o incluso el diagnóstico de conducta secundario. En el libro, "Primer libro de Nina" "Cómo hacer el primer libro personalizado para niños en los trastornos del espectro autista y discapacidades de aprendizaje" el autor ofrece una oportunidad para crear un medio de comunicación alternativo simple y personalizado que creo, será un medio de comunicación no verbal muy eficaz que ayudará a reducir la frustración de todos los interesados, especialmente del niño.

La autora, Pupi Cid Hurtado, tiene una extensa formación en educación y es la abuela de Nina, una niña no verbal en el espectro del autismo que también tiene apraxia. Pupi utiliza su propia experiencia y su interés no sólo para ayudar a un niño a aprender a comunicarse, sino también a enseñar importantes habilidades para la vida de una manera amigable con los niños. A pesar de que el libro fue escrito originalmente con su propia nieta Nina en mente, tanto las lecciones, las habilidades y las rutinas diarias de la vida para copiar y seguir, seran beneficiosas para todos los niños.

El objetivo del libro es ayudar a todos los niños en el espectro autista través de ilustraciones hermosas y efectivas y una serie de repeticiones rimadas, algunas de ellas personalizables para el mundo específico de un niño. Los padres pueden ayudar a reforzar esas palabras y lecciones durante el día, e incluso a la hora de acostarse.

Como madre de un niño con apraxia, el consejo del autor alentando la repetición en una voz rítmica ayuda a cualquier niño con un impedimento de la comunicación, pero es crítico para aquellos niños que tienen deficiencias de comunicación debido a la apraxia de la planificación motora.

Recomiendo altamente este libro para los miembros no sólo de la familia, sino también para los profesionales educadores del espectro, así como un recurso maravilloso, y una herramienta simple y eficazde AAC para tener en el estante para esos niños que usted cuida y que tienen un impedimento en la comunicación.

KATHRYN DOYLE CHAPAR, LCSW
ABA Teraplista y Especialista en Instrucción y Apoyo Familiar.

Habiendo trabajado con niños pequeños en el espectro del autismo y sus padres como trabajadora social clínica por más de dos décadas, encuentro que este libro es una guía maravillosa, concisa, y alentadora para ayudar a los padres y a todos los involucrados en la enseñanza de los niños pequeños en el espectro de autismo, en las tareas más importantes que son: Aumentar la comunicación y las interacciones sociales, así como mantener rutinas apropiadas durante todo el día. la sra. Hurtado en "El Primer Libro de Nina" informa a los padres, terapeutas y maestros sobre la importancia de la paciencia, la esperanza y la confianza, que son esenciales en la espera de observar al niño demostrar una comprensión de las habilidades que la sra. Hurtado tan claramente esboza en las hermosas y atractivas ilustraciones. Ser capaz de comunicar deseos, necesidades y sentimientos ayuda a reducir la frustración del niño. La rutina diaria puede reducir la ansiedad sobre lo que va a suceder hoy y en qué orden. En suma, el libro de la sra. Hurtado "Como Hacer Su Propio Libro" es un libro muy importante, que sirve como guía a los padres para que estos la usen o la copien y personalicen sus libros, haciendolo suyo con sus propias fotos de actividades, y palabras que los niños puedan identificar. Es un libro con una introducción sensible y comprensiva para las personas que interactúan con estos niños día a día, usando de toda la paciencia y comprensión que ellos requieren, ¡con la esperanza de que nos sorprendan un día no muy lejano! como dice ella.

ODALYS ROMANO, BA, MA
BA maestra de la discapacidad k-12, MA en discapacidades de desarrollo
M. Maestra de educación especial por 16 años. Consultora de la población de necesidades especiales en United Cerebral Palsy Foundation. BA & M, Universidad William Paterson. Wayne, NJ

¡Me gustó mucho el libro! Me gustó especialmente como explica paso a paso el porque de este libro, por que es beneficioso y cómo usarlo correctamente.

Lamentablemente, a menudo se asume que los padres ya saben esto, simplemente porque deberían saberlo y hacerlo. He utilizado las rutinas en imágenes para algunos de mis estudiantes en el pasado, incluso aquellos que no tienen autismo. ¡La visualización es la clave!

Me encanta que la sra Hurtado mencione cómo las imágenes se pueden usar electrónicamente. La tecnología es una parte tan grande de nuestro mundo y también debe ser incorporada. Mi honesta opinión es que servirá como una gran herramienta para muchos padres que no están seguros de cómo conseguir que su hijo se comunique.

SCOTT R. DAVIS
Jefe Encouragment Officer of Life (CT,USA)

Estoy encantado de poder recomendar el libro "El Primer libro de Nina" que puede ayudar también a otros niños que enfrentan dificultades con autismo y otras discapacidades del desarrollo. El enfoque que la sra. Hurtado ha utilizado para proporcionar afirmaciones positivas a los niños con discapacidades es innovador. Además, proporciona al lector y a las familias ideas sobre cómo crear y personalizar su propio libro, para recordar al niño y a su familia sobre la importancia de tener una rutina diaria. Esto ayudará a los niños y sus familias a tener éxito. Personalmente, me he beneficiado con un sistema de aprendizaje similar.

Cuando tenía 5 años, luché para comunicarme y encontrar mi lugar en el mundo. Esto se debió a un inicio temprano de hidrocefalia que se detuvo. Sin embargo, todavía tenía deficiencias físicas y neurológicas duraderas de una porción de mi cerebro que no se desarrollaba en el nacimiento que causó retrasos en el desarrollo de la función motora, el lenguaje y el desarrollo social. Aprendí mediante el uso de cuadernos de composición que mi mama creo con fotos de actividades y palabras básicas para la comunicación. Apoyo y recomiendo totalmente los esfuerzos que ha hecho la Sra. Hurtado a través de su libro ilustrado demostrando la importancia de una buena actitud mental y una sólida comprensión de las rutinas básicas que guiarán al niño discapacitado a través de la vida con confianza dentro y fuera de su propia familia.

ANNA GARCÍA LABARBERA, LCSW

"El Primer Libro de Nina" es una maravillosa expresión del amor y compromiso que una abuela tiene por su nieta cuya lucha con el Autismo prepara a la familia para los desafíos que nunca se anticipó. Con este fin, creo que el libro es un éxito y sus objetivos perfectamente cumplidos. Las instrucciones son claras, las visualizaciones son apropiadas y fáciles de seguir, y las imágenes que describen el estado de ánimo, los sentimientos, las necesidades y los deseos están bien diseñadas.

Las imágenes son coloridas sin ser sobre estimulantes para el niño y hay una calidad de juego que es atractivo para los niños. Creo que este libro sería útil para niños de todas las edades con luchas similares como Nina. El libro en sí, es fácil de ver, atractivo y las instrucciones son simples y fáciles de seguir. Comienza el proceso crucial de aprender a identificar y expresar deseos y necesidades. El libro establece conceptos claves relacionados con las rutinas diarias y utiliza sus atractivas imágenes y rítmicas repeticiones para ayudar a los niños a aprender.

Para los niños con dificultades de aprendizaje, he aprendido que el uso de "visuales" ayuda al habla y ayuda al niño a seguir sus rutinas diarias usando palabras simples y las imágenes correspondientes para su identificación. Este libro, provee herramientas útiles para desarrollar y mantener la comunicación con los niños pequeños que luchan por expresarse, y para los padres que no saben como comunicarse con sus hijos despues del diagnóstico. Para algunos padres, este libro puede representar un paso importante en el complejo mundo del desarrollo de la comunicación. Sin embargo, lo que puede ser más útil son las instrucciones de la Sra. Hurtado para los padres, instándoles a no perder la fe y confiar en la capacidad de su hijo para sorprenderlos. En su corazón, el Libro "La Primera Historia de Nina" es un regalo de una abuela a una nieta, y consecuentemente, su objetivo principal es ayudar a los padres a desarrollar relaciones con sus hijos fundadas en los sencillos principios de amor, paciencia y confianza.

ROSA M. RIZZO
Oficial de Policía de la Autoridad Portuaria / Instructora de la Academia, ex Directora de Vida Residencial, NYU-Poly, Ex Decana Asistente de Estudiantes, Universidad de St. John's, N.J. USA

"El Primer Libro De Nina" es una guía bien pensada, brillantemente planeada "Como Hacer Su Propio Libro" para los niños en el espectro del autismo y sus padres. Pupi realmente profundiza en el punto de la participación de los niños no verbales en atraerlos y guiarlos visualmente y utilizar la repetición como un medio de ayudarles a comunicarse con sus padres y quiernes los cuidan. Este libro es innovador y debe ser utilizado por todas las familias que tienen un niño en el espectro, con Apraxia y otras dificultades en el aprendizaje en sus vidas.

SUSAN LAVIT ROSENBERG
CEO y fundador de Mega Mouth Records Músico / Productor / Compositor

Recomiendo encarecidamente "El Primer Libro de Nina" para todos los padres de niños que tienen problemas de aprendizaje. Este libro es un manual ingenioso que simplifica la orientación para los padres a través de la compleja tarea de enseñar a los niños en el espectro del autismo, y otros problemas de aprendizaje, especialmente cuando son no verbales, para aprender a crear su propio Libro de palabras y guias a seguir. En esta, su manera colorida y encantadora, se convierte en la Herramienta de Vida perfecta para que los padres logren el éxito en el desarrollo de sus hijos. Pupi Cid Hurtado, autora, profesora y pionera en Programas de Radio en español en New York, y abuela de una hermosa niña en el aspecto de autismo y con apraxia oral, ahora trae su visión especial para ayudar a otros padres a tener éxito con la comunicacion y los objetivos de vida de sus hijos de poder funcionar en el mundo independientemente un dia. Es una guia a seguir para lograr un enorme beneficio, para aquellos que lo utilizan consistentemente, estoy segura de que este manual traerá esperanza y ayuda.

GRETTEL BARRANTES-QUESADA
Psicóloga Universidad Católica de San Jose, Costa Rica.

La señora Cid-Hurtado pretende con este libro facilitar la interacción y comunicación de los familiares, terapeutas y maestros con los niños diagnosticados con el síndrome del autismo. Pupi no solo ha investigado teóricamente este espectro sino que también tiene una hermosa nieta con autismo y apraxia del habla, esto la ha hecho experta en la comunicación con Ella. Sin Duda este libro será de gran ayuda para todos los padres, que cuando les dan el diagnostico, quedan confundidos y sobrecogidos sin saber como empezar el proceso de comunicación con su criatura.

Copyright © 2013 by Pupi Cid Hurtado

Todos los derechos reservados incluyendo el derecho de reproducción de todo o en parte, sin permiso del editor.

Library of Congress-in-Publication Data 2017945994
Pupi Cid Hurtado

Autismo
El Primer Libro de Nina
Como Personalizar Su Propio Libro

Español

ISBN-13 978-0-9990869-2-6

Creado y Publicado por Pupi Cid Hurtado
www.autismbooksandthings.com
contact : pupicidhurtado@gmail.com

Primera impresión 2017
Impreso en los Estados Unidos de América.

EL PRIMER LIBRO DE NINA
COMO PERSONALIZER SU PROPIO LIBRO

Nina

Con Gratitud a Nina

Para mi linda Nina, Mi Amor, Maestra, Inspiración y Alegría, y para todos los niños que están en el Spectrum de Autísmo como Nina y los padres de éstos.
A nuestro Creador, que nos encomienda esta "Misión" de cuidar, ayudar y amar a los "Angelitos" que nos envía, como bendición y para nuestra evolución y crecimiento en el "Amor Incondicional."
A los padres de Nina, Mike y Raquel Meehan, y a sus hermanitas Natalia Inés y Paloma Bella, por cuidar y amar con tanta devoción a Nina.
A mi esposo Mark, con gratitud por su apoyo incondicional para éste proyecto.
A Enrique Vignolo, un gran artista que supo interpretar mis ideas y por su apoyo siempre presente.

Escrito por: Pupi Cid Hurtado   Illustrado por: Enrique Vignolo

INTRODUCCIÓN

Soy la abuela de Nina. Nina, es una niña muy linda, dulce, amorosa e inteligente, con una sonrisa suave siémpre en sus labios. Nina tiene hoy dia 12 años de edad y esta en el espectro de autismo. Nina no puede hablar porque tiene Apraxia Oral. Nina padece de convulciones muy complejas de epilepsia. Ella nunca lleva en su mochila un osito o una muñeca como otros niños, ella en cambio, siémpre lleva su medicina de emergencia.

Nina asiste al colegio y cuando regresa a la casa, la espera una terapista que le enseña las destrezas que debe aprender para su diario vivir en su casa y la ayuda con su comportamiento. Claro, Nina tiene momentos de descanso y distracción y tiempo para ver sus programas favoritos en su tablilla que sabe manejar perfectmente para buscar sobre todo a "Dora" Nina sabe nadar en la piscina que a su vez, le sirve de terapia y a ella le encanta. Pero, su diario vivir, casi todo está estructurado

LA RAZÓN DE ESTE LIBRO

Nina ha sido la primera en criticar éste primer libro, con su reacción cuando le mostré la primera copia. Ella, enseguida miró cada página con avidez y encontró los dibujos con los que quería comunicarse. Cuando le pregunté ¿Qué quieres? apuntó que tenía hambre, en esos momentos ella iba a cenar. Luego apuntó el dibujo de un plato de comida, y luego apuntó que quería bizcocho. Mas tarde, cuando la llevé a pasear en el carro, apuntó que estaba contenta.

Después de ver como ella reaccionó con el libro, creí que verdaderamente el libro le iba a ayudar a comunicarse. Los dibujos del libro son lindos y con muchos detalles. Ha sido ilustrado por un talentoso artista argentino, Enrique Vignolo, a quien le agradezco interpretara con tanta belleza y paciencia mis direcciones. Los niños y niñas que están en el espectro autístico son usualmente muy visuales y tienen una gran memoria. Por esta razón, las ilustraciones son importantes para que ellos identifiquen la acción y entiendan lo que se les dice, más facilmente, que con la palabra hablada solamente.

Así es que, cuando se les enseña a los niños visualmente la rutina que deben seguir y se les habla a la vez, el proceso mental y el aprendizaje se les hace más fácil. Como consecuencia, el niño no sólo aprende sino que tiene menos frustración y menos ansiedad y adquieren mas seguridad. Es importante en todo, la "continuidad y persistencia" para darles estructura.

La meta de este libro es servir como "Modelo" a los padres, porque pueden guiarse por él, para crear sus propios libros, usando fotos del mismo niño, en las diferentes situaciones, momentos y rutinas, personificándo de esta forma su libro, siendo el mismo niño su propio modelo. Este libro ¨Modelo¨ les ayudará a empezar a crear sus propias historias y guías visuales, que definitivamente ayudarán al niño a moverse a traves del día con menos frustración y ansiedad.

COMO SE PUEDE USAR ESTE LIBRO MODELO

El libro se puede usar como un libro de cuentos. Cuando se lee, se puede usar el nombre del niño como principal personaje. Compartiendo un momento agradable entre los padres y el niño.

LA PRIMERA PÁGINA Están los "Marcos" para colocar las fotos del niño, de los padres y de las personas allegadas a las que debe reconocer por el nombre. También las fotos del doctor, la maestra etc. LA SEGUNDA PÁGINA, "Buen Día" es una guía para la rutina de la mañana. Se pueden utilizar los dibujos según convengan, cambiando las secuencias.

Recomiendo sacarle fotocopia y laminar la página, situandola en el baño. Las demás ilustraciones de la página, se usarían cerca del lugar donde el niño va a desayunar y luego salir para la escuela.

LA PAGINA TRES, ¨Yo Estoy, Yo Tengo¨ Emociones. Cómo se siente el niño. Aquí, se le pregunta, ¿Cómo te sientes? ¿Tienes hambre? ¿Tienes sueño? y se apunta con el dedo cada estado anímico en las caras de los dibujos, repitiendo la palabra que describe la emoción, con claridez, despacio, mientras le ayuda, sujetándole su manito para que le copie a usted con su dedo. Una vez familiarizado con las emociones que muestran los dibujos y lo que significan, el niño podrá comunicar sus emociones en poco tiempo.

LA PAGINA CUATRO Y CINCO. "Yo Quiero" En estas páginas, también se le ayudará apuntado cada dibujo como en la página tres, para que el niño comunique, que és lo que deséa.

PAGINA SEIS. "Volviendo a Casa" Esta página es una guía de la rutina que debe seguir el niño de regreso a la casa. (usando siempre la rutina con consistencia)

LA PAGINA SIETE. Es otra guía para entreñarle y hacerle el hábito de ir al baño. Este grupo de palabras repetidas se deben decir con ciérta entonación rítmica, para hacerle entretenido el entrenamiento, mientras el niño esta sentado. Se recomienda llevar al niño cada 30 minutos por el reloj, y sentarlo en el inodoro y entretenerle casi cantando las palabras, hasta que haga sus necesidades. El entrenamiento debe tener disciplina y hacerlo cada 30 minutos, hasta que reconozca y se acostumbre a la rutina. Con consistencia tendrá el éxito deseado y necesario.

LA PAGINA OCHO. "Yo Quiero" Preguntele al niño que quiere hacer y apunte usted cada acción para que él le cópie y se comunique.

LA PAGINA NUEVE. Es otra Guía para enseñarle a recoger después de jugar y también a vestírse. "Dame" enseñarle a pedir algo. "Ayudame" enseñarle a pedir ayuda.

LA PAGINA DIEZ. "Vamos a" Los niños sienten seguridad cuando saben que deben esperar, los niños con autismo, necesitan esta seguridad. Cuando se les muestra a donde van, ellos sienten menos ansiedad, y mucho mas fácil a que cooperen. "Vamos al"...(Restaurant. Vamos de compra. Vamos al doctor. Vamos a un cumpleaños, etc).

LA PAGINA ONCE. Para enseñarles las parte del cuerpo, tocando cada parte de su cuerpo a medida que apunta cada ilustración. También se pueden hacer dos copias para jugar a las cartas a ver quién tiene la otra pareja.

LA PAGINA DOCE. "Tu Turno" tiene palabras repetidas para decir con entonación o rítmo. Es importante enseñarles a esperar su turno cuando juegan y en cada momento. De esta forma se les enseña el respeto y el órden para la vida en sociedad.

LA PAGINA TRECE. Les enseña los "símbolos de seguridad" que deben conocer. Con el grupo de palabras para repetirlas rítmicamente.

LA PAGINA CATORCE Y QUINCE. "Cena" y "A la Noche" otra Guía para los pasos a seguir cuando llega la noche. Se usarán las ilustraciones en la secuencia según la costumbre de la casa. Siempre apuntado con el dedo y mostrandole cada paso. A la hora de ir a la cama, nunca olvide decirle a su niño "Te Quiero Mucho" porque esta frase, será lo último que le quede en su subconsciente antes de dormir. Esta frase, le ayudará a sentirse aceptado y amado y elevara su autoestima la cual ayudará a superar cualquier condición que el niño tenga. Cada página se puede copiar, recortar, laminar y pegar para usar según lo considere necesario y en el lugar preferido.

También puede usar las ilustraciones en su celular o tablilla cuando estan fuera de la casa.

Aunque su niño no tenga mucha paciencia o ponga mucha atención, los padren deben sonar alegres, entusiasmados, felices y ritmicos!

No darse por vencido nunca, aunque su corazon este diciendo "¿Cuándo mi niño se integrara?"

"¿Cuándo entendera?" Tengamos valor y fe, que nuestra criatura nos sorprenderá dia a dia!

La repetición y consistencia son la clave del exito, y seguramente lo tendremos!

Cada una de estas páginas han sido pensadas y estudiadas, usando a Nina como ejemplo, poniendo todo el corazón en oración para que puedan ser efectivas.

Con mucho amor para Nina y para todos los niños como Nina, deseando que pronto desarrollen el potencial que tienen y logren todo lo maravilloso y bello para lo que Dios en Su Infinito Amor les Creó. "Dios solo da niños especiales a padres especiales."

Con mucho amor para todos esos bellos niños y mi admiración y ánimo para los padres de estos.

CONTENIDO

Hola, mi nombre es 1

¡Buen día! 2

Yo estoy, yo tengo 3

Yo quiero ésto 4-5

Volviendo a casa 6

Ahora al baño 7

Yo quiéro 8

Recoge, pónte, dáme, ayúdame 9

Vamos a 10

Partes del cuerpo 11

Tu turno 12

Camina y espera 13

Cena 14

A la noche 15

Notas 16-18

¡Buen día!

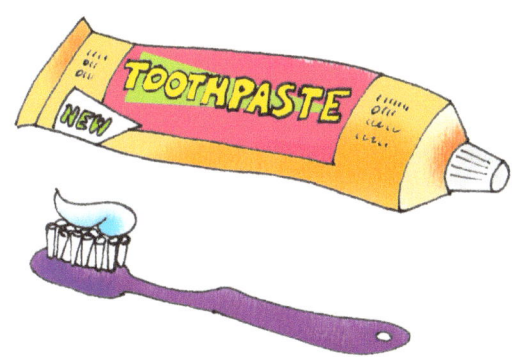 Pasta de dientes en cepillo

 Lava tus dientes

 Enjuaga tu boca

 Lava tu cara

 Cepilla tu pelo

 Vístete

 A desayunar

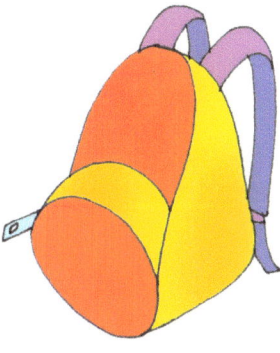 Mochila

 Autobús escolar

Yo estoy, Yo tengo

Yo quiero ésto

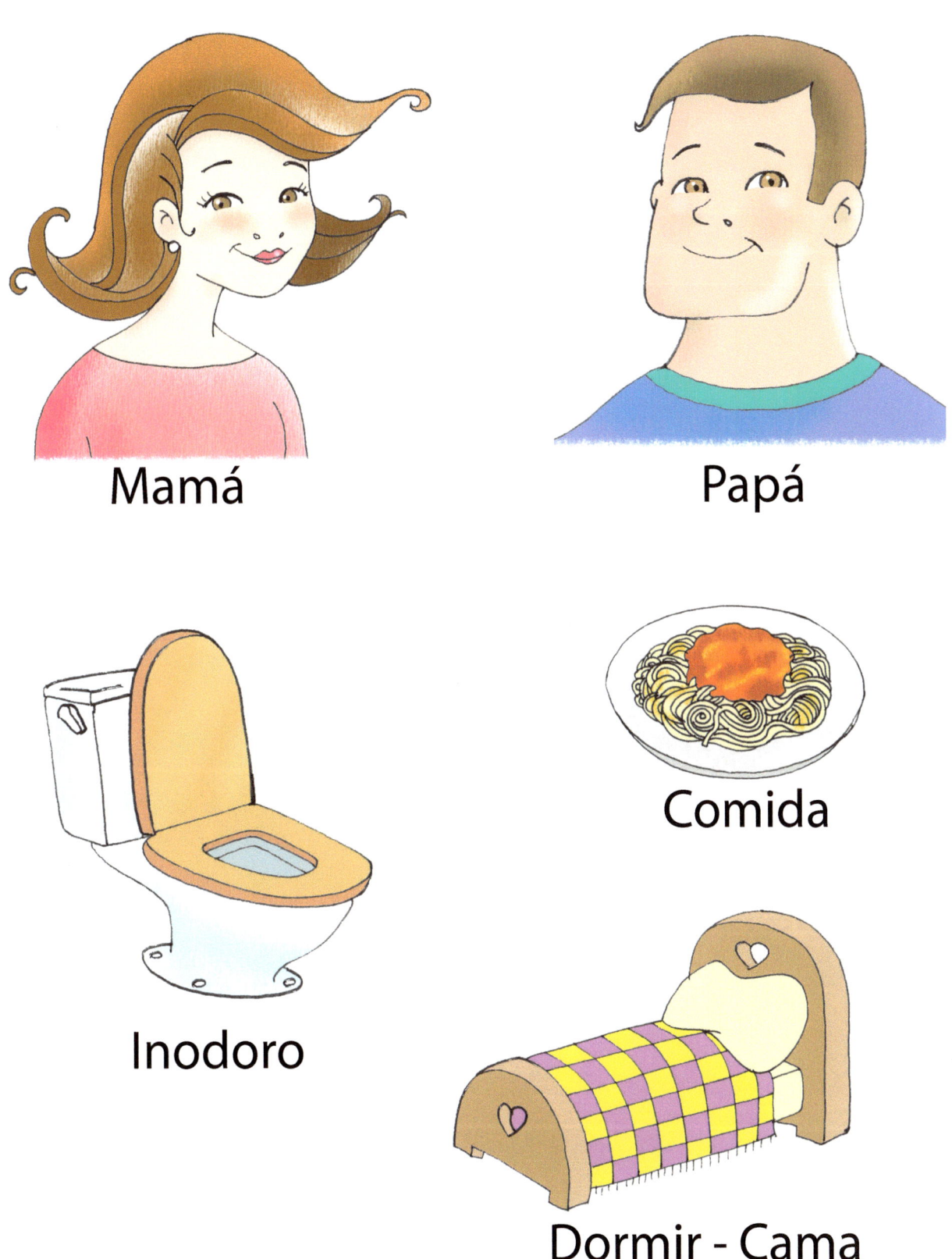

Mamá

Papá

Inodoro

Comida

Dormir - Cama

Yo quiero ésto

Descansar

Merienda

Baño

Jugar

Nadar

Agua

Volviendo a casa

Cuelga tu abrigo y la mochila

Lava tus manos

Inodoro

Merienda

Leér un libro

Al baño

Pantalón abajo.
¡Pantalón abajo,
abajo, abajo!

Popó, popó.
¡Popó, popó,
popó, popó.

Límpiate.
¡Límpiate,
límpiate!

Pantalón arriba.
¡Pantalón arriba,
arriba, arriba!

Descargar.
¡descargar,
descargar!

Lava tus manos..
¡Lava tus manos,
lava tus manos!

Yo quiero

Ir afuera - Caminar

Parque - jugar

Hacer música

Coche - Pasear

Piano **Guitarra** **Cocinar**

Tablilla

Teclado - Escribir **Pintar**

Dvd - Favorito

Computadora

8

Recoge, pónte, dáme, ayúdame

Recoge

Pónte el abrigo, el gorro y las botas

Dáme

Ayúdame

Vamos a

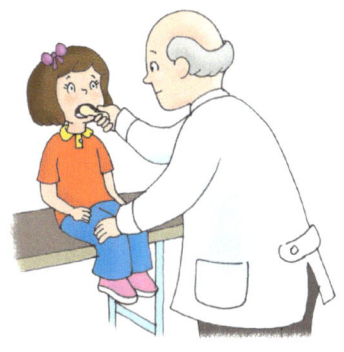

Restaurante Al mercado Doctor

Iglesia Dentista Fiesta de cumpleaños

Biblioteca Escuela Casa

Partes del cuerpo

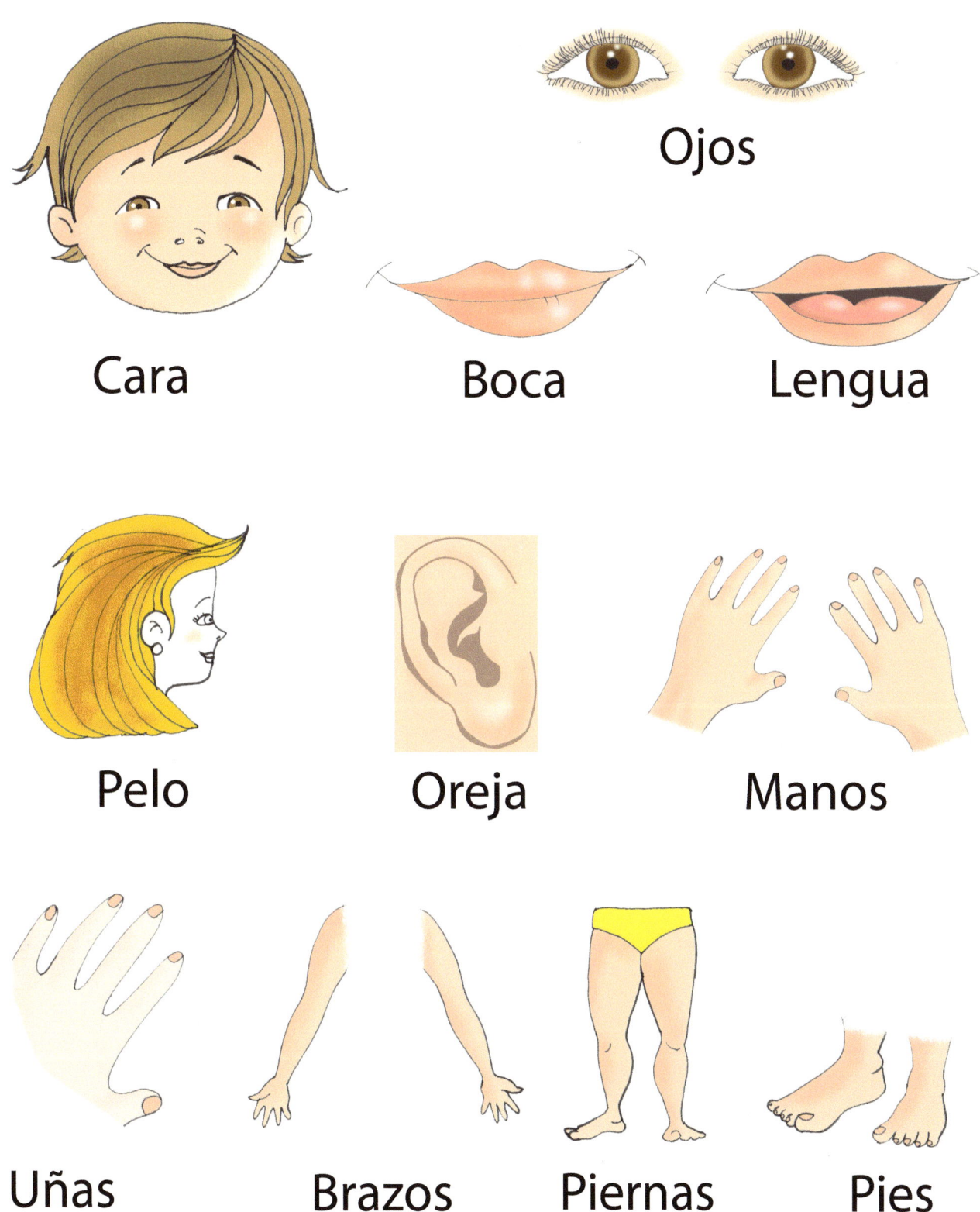

Espera Tu Turno

Espera tu turno. ¡Espera tu turno, espera tu turno! Espera tu turno.

Camina y espera

Camina. ¡Camina, camina, camina, camina, camina, camina, camina, camina!

Espera. ¡Espera, espera, espera, espera, espera, espera, espera!

Camina. ¡Camina, camina, camina!

Espera. ¡Espera, espera, espera!

Cena

Cenar

Mas

Terminé

Limpia tu boca

A la noche

Limpia tus dientes

Toma un baño

Ponte el pijama

Vamos a la cama, ¡buenas noches! ¡Te quiero!

NOTAS

NOTAS

NOTAS

El progreso de Nina

Nina progresa día a día en la comprensión y el aprendizaje. ¡Florece como una flor! trabaja muy duro todos los días con terapeutas y maestros. Ella toma clases de baile una vez por semana y aprende a seguir los movimientos. Aprendió cómo vestirse y desvestirse a sí misma, y preparar sus bocadillos y meriendas para su almuerzo escolar. Sabe nadar como una profesional y también sabe cómo manejar su tablilla para ver sus programas animados favoritos y fotos de la familia y muestra sentimientos cuando busca las fotos de sus padres y besa a las imágenes. Ahora está aprendiendo a escribir con el sistema SOMA y los métodos de Comunicación Facilitada, en un teclado especial y está escribiendo con su hermana mayor en el celular y está mostrando que es ingeniosa y divertida, con una mente brillante ¡y una inteligencia increíble! Ella escribió que no será capaz de hacer lo que le gustaría hacer porque está en el espectro de autismo y su cuerpo no la ayuda y la frustra incluso cuando escribe. ¡Se da cuenta de su condición! También dijo que tiene rabietas porque no puede decir lo que quiere o siente.

Menciona que ella tiene días malos y días tristes, y pregunta si eso le sucede a los chicos también. Le gusta la ciencia, escoje la ropa que le gusta usar, los colores y combinaciones. Nina también pregunta qué es "Después de la Vida" y ¿cómo es el Cielo?

Ella escribió, que no quería que "Abuela" (yo) muriera. Cuando una vez le preguntaron quién es tu mejor amiga, dijo "Abuela" (yo) ¡Esto me derrite el corazón! ¡Podría escribir un libro sobre el progreso y mecanografía de Nina! Ojalá pudiera enviar algunos de sus escritos a los diferentes médicos que una vez nos dieron el diagnóstico abrumador y triste de "autismo" y por esa razón..."retardada" cuando ella era muy pequeña, y nos enviaron a casa sin mucho ánimo ni esperanzas.

Queridas madres y queridos padres y abuelos, déjenme decirles que existe ESPERANZA para nuestros niños en el espectro, con terapias adecuadas, cámara hiperbárica, suplementos, dieta adecuada, baile, natación, correr, deportes, música y todo tipo de terapias que puedan darle. Celebrarlos en cada hito o pequeña cosa que logren y animarlos, porque les ayudara á su autoestima, ya que ellos entienden y aprecian todo, incluso cuando aparentemente no están prestando atención.

Nunca hable de nada negativo sobre ellos y nunca, nunca delante de ellos. Y la mejor medicina es cuando les mostramos cuánto los amamos porque necesitan sentir que son amados. No soy una experta en autismo, sólo estoy hablando con ustedes de acuerdo a nuestra experiencia con Nina. Cada niño en el espectro es diferente, pero todos ellos son seres humanos con sentimientos y potencial y todos tienen un don muy especial. El proceso es desafiante y parte el corazón a veces, pero en ese proceso, también nosotros crecemos mucho.

¡Que Dios los bendiga a ustedes y a su criatura, como Él nos ha bendecido con Nina! Me gustaría recomendarles leer libros que les inspiren y le den esperanzas. Entre otros, de Temple Grandin, William Stillman, Tito Rajarshi Mukhopadhyay. (su madre creó el sistema de comunicación SOMA).

www.ingramcontent.com/pod-product-compliance
Lightning Source LLC
Chambersburg PA
CBHW060822090426
42738CB00002B/72